Frullati Proteici Fatti in Casa Per La Massima Crescita Muscolare:

Modifica il Tuo Corpo Senza Pillole o Supplementi Di Creatina

di

Joseph Correa

Nutrizionista Sportivo Certificato

DIRITTI D'AUTORE

© 2016 Correa Media Group

Tutti i diritti riservati

La riproduzione o la traduzione di qualsiasi parte di questo lavoro al di là di quanto consentito dalla sezione 107 o 108 degli Stati Uniti Copyright 1976, senza l'autorizzazione del titolare dei diritti è illegale.

La presente pubblicazione è stata progettata per fornire informazioni accurate e autorevoli in materia di

Il tema trattato viene venduto con la consapevolezza che né l'autore né l'editore si impegnano a fornire consulenza medica. In caso di consultazione o di assistenza medica, consultare un medico. Questo libro è considerato una guida e non deve essere utilizzato in alcun modo che possa essere dannoso per la salute. Consultare un medico prima di iniziare questo piano nutrizionale per assicurarsi che sia giusto per te.

RINGRAZIAMENTI

Alla mia famiglia che ha reso possibile la realizzazione ed il successo di questo libro.

Frullati Proteici Fatti in Casa Per La Massima Crescita Muscolare:

Modifica il Tuo Corpo Senza Pillole o Supplementi Di Creatina

di

Joseph Correa

Nutrizionista Sportivo Certificato

CONTENUTI

Diritti d'autore

Ringraziamenti

Cenni sull'autore

Introduzione

Frullati proteici fatti in casa per la massima crescita muscolare

Altri grandi titoli dell'autore

CENNI SULL'AUTORE

Come nutrizionista sportivo certificato e atleta professionista, sono fermamente convinto che una corretta alimentazione ti aiuterà a raggiungere i tuoi obiettivi più velocemente e in modo efficace. La mia conoscenza ed esperienza mi ha aiutato a vivere in modo più sano nel corso degli anni che ho condiviso con la famiglia e gli amici. Quanto più si sa di mangiare e bere in modo sano, tanto prima si vorrà cambiare la tua vita e abitudini alimentari.

Avere successo nel controllare il peso è importante in quanto permetterà di migliorare tutti gli aspetti della tua vita.

La nutrizione è una parte fondamentale nel processo per ottenere una forma migliore e questo è tutto ciò che è contenuto nel libro.

INTRODUZIONE

Frullati proteici fatti in casa per la massima crescita muscolare: modifica il tuo corpo senza pillole o supplementi di creatina.

Questo libro ti aiuterà ad aumentare la quantità di Proteine che si consumano al giorno per contribuire ad aumentare la massa muscolare. Questi pasti contribuiranno ad aumentare il muscolo in maniera organizzata con l'aggiunta di grandi porzioni sane di Proteine alla tua dieta. Essere troppo occupato a mangiare correttamente a volte può diventare un problema ed è per questo che questo libro ti farà risparmiare tempo e contribuirà a nutrire il tuo corpo per raggiungere gli obiettivi che desideri. Assicurati di sapere cosa stai mangiando per preparartelo da solo o avere qualcuno che lo prepara per te.

Questo libro ti aiuterà a:

- Incrementare la muscolatura velocemente.

- Avere più energia.

- Mangiare con gusto.

- Accelerare il tuo metabolismo in modo naturale per avere più muscoli.

- Migliorare Il tuo sistema digestivo.

Joseph Correa è un nutrizionista sportivo certificato ed un atleta professionista.

FRULLATI PROTEICI FATTI IN CASA PER LA MASSIMA CRESCITA MUSCOLARE

1. Frullato di Avena & Mandorla

Tempo di preparazione: 5 minuti
Porzioni: 3

1. Ingredienti:

220ml latte
1 cucchiaio/i mandorle (macinatura) (15g)
1 cucchiaio/i avena (15g)
1 cucchiaino sciroppo d'acero (5g)
½ cucchiaino estratto di vaniglia (2-3g)
2 cucchiaio/i Yogurt greco (30g)
30g proteine in polvere

2. Preparazione:

Metti tutti gli ingredienti in un mixer e frulla fino a raggiungere una consistenza cremosa.

3. Elementi nutrizionali (per circa 100ml di composto):

Contiene calcio, ferro;
Calorie: 111
    Calorie da grassi: 29

Grassi: 3.2g

Grassi saturi: 0.7g

Colesterolo: 21mg
Sodio: 58mg

Frullati Proteici Fatti in Casa Per La Massima Crescita Muscolare

Potassio: 182mg

Carboidrati totali: 9.3g
   Fibra: 0.8g
   Zucchero: 5.1g
Proteine: 11.1g
Calorie: 333

   Calorie da grassi: 86

Grassi: 9.5g

   Grassi saturi: 2.1g

Colesterolo: 64mg

Sodio: 175mg

Potassio: 547mg

   Carboidrati totali: 27.9g
   Fibra: 2.6g
   Zucchero: 15.3g
   Proteine: 33.5g

2. Frullato Menta piperita Farina d'avena

Tempo di preparazione: 5 minuti
Porzioni: 5

1. Ingredienti:

70g farina d'avena
30g fiocchi di crusca
300ml latte
50g menta piperita
½ cucchiaino estratto di menta piperita(3g)
30g gelato (vaniglia/cioccolato)
50g proteine in polvere (cioccolato)

2. Preparazione:

Mescola tutti gli ingredienti in un mixer fino ad ottenere un composto cremoso.

3. Elementi nutrizionali (per circa 100ml di composto):

Contiene Vitamina A, calcio, ferro.

Calorie: 180
    Calorie da grassi: 51

Grassi: 5.6g
    Grassi saturi: 2.9g

Colesterolo: 30mg
Sodio: 111mg

Potassio: 179mg

Carboidrati totali: 20.7g
    Fibra: 2.5g
    Zucchero: 6.2g
Proteine: 12.6g
Calorie: 900

    Calorie da grassi: 253

Grassi: 28.1g

Grassi saturi: 14.4g

Colesterolo: 151mg

Sodio: 555mg

Potassio: 869mg

Carboidrati totali: 104g
Fibra: 12.4g
Zucchero: 31.2g
Proteine: 63.2g

3. Frullato alla Cannella

Tempo di preparazione: 5 minuti
Porzioni: 3

1. Ingredienti:

240ml latte
¼ cucchiaio/i cannella (4g)
½ cucchiaino estratto di vaniglia (3g)
2 cucchiaio/i gelato alla vaniglia (30g)
2 cucchiaio/i avena (30g)
50g proteine in polvere

2. Preparazione:

Mescola tutti gli ingredienti in un mixer fino ad ottenere un composto cremoso.

3. Elementi nutrizionali (per circa 100g di composto):

Contiene Vitamina A, calcio, ferro.

Calorie: 131
    Calorie da grassi: 30

Grassi: 3.3g
    Grassi saturi: 1.8g

Colesterolo: 42mg
Sodio: 73mg

Potassio: 158mg

Carboidrati totali: 10.3g
    Fibra: 1g
    Zucchero: 4.8g
Proteine: 15.3g
Calorie: 342

    Calorie da grassi: 89

Grassi: 9.9g

    Grassi saturi: 5.4g

Colesterolo: 127mg

Sodio: 219mg

Potassio: 474mg

Carboidrati totali: 31g
Fibra: 3.1g
Zucchero: 14.4g
Proteine: 45.9g

4. Frullato alle mandorle

Tempo di preparazione: 5 minuti
Porzioni: 5

1. Ingredienti:

220ml latte di mandorle
120g avena
50g proteine in polvere
80g uva passa
20g mandorle (macinatura)
1 cucchiaio/i burro di arachidi (15g)

2. Preparazione:

Mescola tutti gli ingredienti in un mixer fino ad ottenere un composto cremoso.

3. Elementi nutrizionali (per circa 100g di composto):

Contiene: Vitamina C, ferro, calcio.

Calorie: 241
    Calorie da grassi: 61

Grassi: 6.7g
    Grassi saturi: 1.6g

Colesterolo: 24mg
Sodio: 57mg

Potassio: 339mg

Carboidrati totali: 33.8g

Fibra: 3.7g
Zucchero: 12.5g
Proteine: 13.9g
Calorie: 1207

Calorie da grassi: 304

Grassi: 33.7g

Grassi saturi: 8g

Colesterolo: 122mg

Sodio: 283mg

Potassio: 1693mg

Carboidrati totali: 169g
Fibra: 18.5g
Zucchero: 62.3g
Proteine: 69.4g

5. Frullato Banana & Mandorle

Tempo di preparazione: 5 minuti
Porzioni: 5

1. Ingredienti:

2 banane
230ml latte di mandorle
20g mandorle (macinatura)
10g pistacchi (macinatura)
40g proteine in polvere

2. Preparazione:

Mescola tutti gli ingredienti in un mixer fino ad ottenere un composto cremoso.

3. Elementi nutrizionali (per circa 100g di composto):

Contiene Vitamina A, C, ferro, calcio.

Calorie: 241
   Calorie da grassi: 61

Grassi: 6.7g
   Grassi saturi: 1.6g

Colesterolo: 24mg
Sodio: 57mg

Potassio: 339mg

Carboidrati totali: 33.8g

Fibra: 3.7g
Zucchero: 12.5g
Proteine: 13.9g
Calorie: 1073

Calorie da grassi: 659

Grassi: 73.2g

Grassi saturi: 52.1g

Colesterolo: 83mg

Frullati Proteici Fatti in Casa Per La Massima Crescita Muscolare

Sodio: 109mg

Potassio: 1934mg

Carboidrati totali: 78.7g
Fibra: 14.8g
Zucchero: 39.4g
Proteine: 42.8g

6. Frullato alle bacche selvagge

Tempo di preparazione: 5 minuti
Porzioni: 7

1. Ingredienti:

30g fragole
30g mirtilli
30g lamponi
30g ribes
500ml latte
60g proteine in polvere
1 cucchiaino estratto di vaniglia (5g)
1 cucchiaino estratto di limone(5g)

2. Preparazione:

Mescola tutti gli ingredienti in un mixer fino ad ottenere un composto cremoso. Puoi anche aggiungere qualche cubetto di ghiaccio al composto.

3. Elementi nutrizionali (per circa 100g di composto):

Contiene Vitamina A, C, ferro, calcio.

Calorie: 78
    Calorie da grassi: 19

Grassi: 2.1g
    Grassi saturi: 1.2g

Colesterolo: 24mg
Sodio: 50mg

Potassio: 119mg

Carboidrati totali: 6.7g
    Fibra: 0.7g
    Zucchero: 4.7g
Proteine: 8.7g
Calorie: 549

Calorie da grassi: 131

Grassi: 14.6g

Grassi saturi: 8.1g

Colesterolo: 167mg

Sodio: 351mg

Potassio: 832mg

Carboidrati totali: 46.9g

Fibra: 4.6g

Zucchero: 33g

Proteine: 61g

7. Frullato di fragole

Tempo di preparazione: 5 minuti
Porzioni: 5

1. Ingredienti:

30g fragole
100g Yogurt greco
200ml latte
40g proteine in polvere
2 uova
20g dolcificante (miele/ zucchero di canna)
cubetti di ghiaccio
1 cucchiaino estratto di vaniglia (5g)

2. Preparazione:

Mescola tutti gli ingredienti in un mixer fino ad ottenere un composto cremoso.

Lo yogurt greco può avere diversi aromi come vaniglia o fragola, o semplicemente yogurt bianco. Scegli tu tra tutti i sapori.

3. Elementi nutrizionali (per circa 100g di composto):

Contiene Vitamina A, C, ferro, calcio.

Calorie: 96	Grassi saturi: 1.6g
Calorie da grassi: 32	Colesterolo: 87mg
Grassi: 3.5g	Sodio: 65mg

Potassio: 131mg

Carboidrati totali: 9.2g
    Fibra: 2.5g
    Zucchero: 3.4g
Proteine: 11.3g

Calorie: 508

    Calorie da grassi: 157

Grassi: 17.4g

Grassi saturi: 8g

Colesterolo: 433mg

Sodio: 326mg

Potassio: 656mg

Carboidrati totali: 45.9g
    Fibra: 12.4g
    Zucchero: 17.2g
Proteine: 56.6g

8. Frullato fragole e vaniglia

Tempo di preparazione: 5 minuti
Porzioni: 7

1. Ingredienti:

100g fragole
1 banana
1 cucchiaino estratto di vaniglia (5g)
1 cucchiaio/i estratto di fragole (15g)
50g avena
200ml latte
5 uova
Cubetti di ghiaccio

2. Preparazione:

Mescola tutti gli ingredienti in un mixer fino ad ottenere un composto cremoso.

3. Elementi nutrizionali (per circa 100g di composto):

Contiene Vitamina A, C, ferro, calcio.

Calorie: 112
Calorie da grassi: 39

Grassi: 4.3g
   Grassi saturi: 1.4g

Colesterolo: 119mg
Sodio: 59mg

Potassio: 170mg

Carboidrati totali: 11.7g
Fibra: 1.4g
Zucchero: 4.6g
Proteine: 6.1g

Calorie: 782

Calorie da grassi: 271

Grassi: 30.1g

    Grassi saturi: 10.1g

Colesterolo: 835mg

Sodio: 421mg

Potassio: 1189mg

Carboidrati totali: 82g
    Fibra: 10.1g
    Zucchero: 32.5g
Proteine: 43g

9. Frullato Fragola & Nocciole

Tempo di preparazione: 5 minuti
Porzioni: 4

1. Ingredienti:

50g fragole
50g mix nocciole (trito)
200ml latte
100g Yogurt greco
2 cucchiaio/i avena (30g)

2. Preparazione:

Mescola tutti gli ingredienti in un mixer fino ad ottenere un composto cremoso.

3. Elementi nutrizionali (per circa 100g di composto):

Contiene Vitamina A, C, ferro, calcio.

Calorie: 140
Calorie da grassi: 81

Grassi: 9g
Grassi saturi: 1.4g

Colesterolo: 1mg
Sodio: 80mg

Potassio: 125mg

Carboidrati totali: 9.2g

Fibra: 1.4g
Zucchero: 4.3g
Proteine: 6.9g
Calorie: 417

Calorie da grassi: 324

Grassi: 36g

Grassi saturi: 5.4g

Colesterolo: 5mg

Frullati Proteici Fatti in Casa Per La Massima Crescita Muscolare

Sodio: 321mg

Potassio: 499mg

Carboidrati totali: 36.9g
Fibra: 5.5g
Zucchero: 17.1g
Proteine: 27.6g

10. Frullato al Lampone

Tempo di preparazione: 5 minuti
Porzioni: 4

1. Ingredienti:

50g proteine in polvere
100g lamponi
30g fragole
50g panna acida
200ml latte
1 cucchiaino estratto di lime (5g)

2. Preparazione:

Mescola tutti gli ingredienti in un mixer fino ad ottenere un composto cremoso.

3. Elementi nutrizionali (per circa 100g di composto):

Contiene Vitamina A, C, B-12, ferro, calcio.

Calorie: 116
    Calorie da grassi: 41

Grassi: 4.6g
    Grassi saturi: 2.6g

Colesterolo: 36mg
Sodio: 54mg

Potassio: 168mg

Carboidrati totali: 8.1g
Fibra: 1.8g
Zucchero: 4.2g
Proteine: 11.4g
Calorie: 465

Calorie da grassi: 166

Grassi: 18.4g

Grassi saturi: 10.6g

Frullati Proteici Fatti in Casa Per La Massima Crescita Muscolare

Colesterolo: 143mg

Sodio: 214mg

Potassio: 670mg

Carboidrati totali: 32.5g
Fibra: 7.1g
Zucchero: 16.8g
Proteine: 45.5g

11. Frullato al Mirtillo

Tempo di preparazione: 5 minuti
Porzioni: 6

1. Ingredienti:

250g mirtilli
50g panna acida
80g avena
100ml latte di cocco
160g purea di zucca
Cannella, granella di nocciole per guarnire

2. Preparazione:

Mescola tutti gli ingredienti in un mixer fino ad ottenere un composto cremoso.

3. Elementi nutrizionali (per circa 100g di composto):

Contiene Vitamina A, C, ferro, calcio.

Calorie: 140
    Calorie da grassi: 62

Grassi: 6.9g
    Grassi saturi: 4.8g

Colesterolo: 4mg
Sodio: 9mg

Potassio: 192mg

Carboidrati totali: 18.5g
    Fibra: 3.5g
    Zucchero: 5.7g
Proteine: 3g
Calorie: 641

Calorie da grassi: 371

Grassi: 41.2g

Grassi saturi: 29.1g

Colesterolo: 22mg

Sodio: 56mg

Potassio: 1150mg

Carboidrati totali: 112g
Fibra: 21g
Zucchero: 34.4g
Proteine: 18.1g

12. Frullato al Burro di arachidi

Tempo di preparazione: 5 minuti
Porzioni: 6

1. Ingredienti:

300ml latte di mandorle
50g burro di arachidi
50g mix nocciole
6 albumi
1 cucchiaino estratto di burro (5g)

2. Preparazione:

Mescola tutti gli ingredienti in un mixer fino ad ottenere un composto cremoso.

3. Elementi nutrizionali (per circa 100g di composto):

Contiene Vitamina C, ferro, calcio.

Calorie: 236
   Calorie da grassi: 191

Grassi: 21.3g
   Grassi saturi: 12.2g

Colesterolo: 0mg
Sodio: 109mg

Potassio: 241mg

Carboidrati totali: 6.2g

Fibra: 2g
Zucchero: 3.1g
Proteine: 8.3g
Calorie: 1415

Calorie da grassi: 1148

Grassi: 127.6g

Grassi saturi: 73.1g

Colesterolo: 0mg

Frullati Proteici Fatti in Casa Per La Massima Crescita Muscolare

Sodio: 656mg

Potassio: 1448mg

Carboidrati totali: 37.2g
Fibra: 11.9g
Zucchero: 18.5g
Proteine: 50.2g

13. Frullato Burro di arachidi & Banana

Tempo di preparazione: 5 minuti
Porzioni: 7

1. Ingredienti:

250ml latte di mandorle
2 banane
30g burro di arachidi
5 uova
2 cucchiaini miele (10g)
1 cucchiaino estratto di vaniglia (5g)

2. Preparazione:

Mescola tutti gli ingredienti in un mixer fino ad ottenere un composto cremoso.

3. Elementi nutrizionali (per circa 100g di composto):

Contiene Vitamina A, C, ferro, calcio.

Calorie: 191
    Calorie da grassi: 126

Grassi: 14g
    Grassi saturi: 9.1g

Colesterolo: 117mg
Sodio: 70mg

Potassio: 288mg

Carboidrati totali: 12.5g

Fibra: 1.9g
Zucchero: 7.7g
Proteine: 6.2g
Calorie: 1339

    Calorie da grassi: 884

Grassi: 98.2g

Grassi saturi: 63.9g

Colesterolo: 818mg

Frullati Proteici Fatti in Casa Per La Massima Crescita Muscolare

Sodio: 487mg

Potassio: 2015mg

Carboidrati totali: 87.6g
Fibra: 13.5g
Zucchero: 53.9g
Proteine: 43.6g

14. Frullato Burro di arachidi & Cioccolato

Tempo di preparazione: 5 minuti
Porzioni: 3

1. Ingredienti:

2 cucchiaio/i polvere di cacao (30g)
30g burro di arachidi
250ml latte di mandorle
50g proteine in polvere

2. Preparazione:

Mescola tutti gli ingredienti in un mixer fino ad ottenere un composto cremoso.

3. Elementi nutrizionali (per circa 100g di composto):

Contiene Vitamina C, ferro, calcio.

Calorie: 326
    Calorie da grassi: 240

Grassi: 26.6g
    Grassi saturi: 19.7g

Colesterolo: 35mg
Sodio: 89mg

Potassio: 472mg

Carboidrati totali: 10.6g
    Fibra: 3.5g

Zucchero: 4.3g
Proteine: 17g
Calorie: 977

Calorie da grassi: 719

Grassi: 79.9g

Grassi saturi: 59.1g

Colesterolo: 104mg

Sodio: 267mg

Potassio: 1415mg

Carboidrati totali: 31.8g

Fibra: 10.6g
Zucchero: 13g
Proteine: 51g

15. Frullato al Cioccolato

Tempo di preparazione: 5 minuti
Porzioni: 6

1. Ingredienti:

3 cucchiaio/i polvere di cacao (45g)
250ml latte
120ml purea di zucca
1 cucchiaino estratto di vaniglia (5g)
5 uova

2. Preparazione:

Mescola tutti gli ingredienti in un mixer fino ad ottenere un composto cremoso.

3. Elementi nutrizionali (per circa 100g di composto):

Contiene Vitamina A, C, ferro, calcio
Calorie: 89

Potassio: 185mg

Calorie da grassi: 44

Carboidrati totali: 5.6g
Fibra: 1.4g

Grassi: 4.9g

Zucchero: 3g

Proteine: 6.7g
Calorie: 534

Grassi saturi: 1.9g

Colesterolo: 140mg

Calorie da grassi: 267

Sodio: 73mg

Grassi: 29.6g

Frullati Proteici Fatti in Casa Per La Massima Crescita Muscolare

Grassi saturi: 11.4g

Colesterolo: 840mg

Sodio: 439mg

Potassio: 1112mg

Carboidrati totali: 33.8g
 Fibra: 8.4g
 Zucchero: 18.2g
 Proteine: 40.4g

16. Cioccolato & Mandorla

Tempo di preparazione: 5 minuti
Porzioni: 5

1. Ingredienti:

2 cucchiaio/i cioccolato pudding (30g)
50g mandorla (trito)
300ml latte
40g proteine in polvere
1 cucchiaino sciroppo di amaretto (5g)

2. Preparazione:

Mescola tutti gli ingredienti in un mixer fino ad ottenere un composto cremoso.

3. Elementi nutrizionali (per circa 100g di composto):

Contiene Vitamina A, ferro, calcio.

Calorie: 131

Calorie da grassi: 61

Grassi: 6.8g

Grassi saturi: 1.4g

Colesterolo: 22mg

Sodio: 70mg

Potassio: 154mg

Carboidrati totali: 9g
Fibra: 1.3g
Zucchero: 3.5g
Proteine: 9.9g
Calorie: 656

Calorie da grassi: 303

Grassi: 33.7g

Grassi saturi: 6.9g

Colesterolo: 109mg

Sodio: 351mg

Potassio: 770mg

Carboidrati totali: 45.2g
　Fibra: 6.5g
　Zucchero: 17.2g
Proteine: 49.3g

17. Frullato Caramello e nocciole

Tempo di preparazione: 5 minuti
Porzioni: 4

1. Ingredienti:

50g nocciole(trito)
1 cucchiaino sciroppo di caramello (5g)
1 cucchiaino sciroppo d'acero (5g)
250ml latte di mandorle
50g proteine in polvere

2. Preparazione:

Mescola tutti gli ingredienti in un mixer fino ad ottenere un composto cremoso.

3. Elementi nutrizionali (per circa 100g di composto):

Contiene Vitamina C, ferro, calcio.

Calorie: 307

Calorie da grassi: 211

Grassi: 23.4g

Grassi saturi: 14.3g

Colesterolo: 26mg

Sodio: 37mg

Potassio: 326mg

Carboidrati totali: 15.5g
Fibra: 2.6g
Zucchero: 11g
Proteine: 12.2g
Calorie: 1228

Calorie da grassi: 844

Grassi: 93.8g

Grassi saturi: 57.3g

Colesterolo: 104mg

Sodio: 148mg

Potassio: 1303mg

Carboidrati totali: 61.8g
Fibra: 10.4g
Zucchero: 44.1g
Proteine: 49g

18. Frullato di Prugna

Tempo di preparazione: 5 minuti
Porzioni: 8

1. Ingredienti:

200g prugna
50g uva passa
200ml latte
4 uova
100g quark
70g avena

2. Preparazione:

Mescola tutti gli ingredienti in un mixer fino ad ottenere un composto cremoso.

3. Elementi nutrizionali (per circa 100g di composto):

Contiene Vitamina A, C, ferro, calcio.

Calorie: 122

Calorie da grassi: 43

Grassi: 4.7g

Grassi saturi: 1.8g

Colesterolo: 87mg

Sodio: 62mg

Potassio: 149mg

Carboidrati totali: 14.7g
Fibra: 1.3g
Zucchero: 7.2g

Proteine: 6.2g
Calorie: 975

Calorie da grassi: 340

Grassi: 37.8g

Grassi saturi: 14.3g

Colesterolo: 699mg

Sodio: 499mg

Potassio: 1190mg

Carboidrati totali: 117g
   Fibra: 10.7g
   Zucchero: 57.7g
   Proteine: 49.7g

19. Frullato Tropicale

Tempo di preparazione: 5 minuti
Porzioni: 5

1. Ingredienti:

1 banana
150g ananas
40g mango
200ml latte di cocco
1 cucchiaino miele (5g)
50g proteine in polvere

2. Preparazione:

Mescola tutti gli ingredienti in un mixer fino ad ottenere un composto cremoso.

3. Elementi nutrizionali (per circa 100g di composto):

Contiene Vitamina A, C, ferro, calcio.

Calorie: 178

Calorie da grassi: 94

Grassi: 10.4g

Grassi saturi: 8.9g

Colesterolo: 21mg

Sodio: 25mg

Potassio: 294mg

Carboidrati totali: 15.3g
Fibra: 2.1g
Zucchero: 9.9g
Proteine: 8.5g
Calorie: 889

Calorie da grassi: 468

Grassi: 52g

Grassi saturi: 44.6g

Colesterolo: 104mg

Sodio: 124mg

Potassio: 1468mg

Carboidrati totali: 76.4g
Fibra: 10.3g
Zucchero: 49.2g
Proteine: 42.7g

20. Frullato di Pesca

Tempo di preparazione: 5 minuti
Porzioni: 8

1. Ingredienti:

6 pesche
300ml latte
140g mandarini
30g avena
4 uova

2. Preparazione:

Mescola tutti gli ingredienti in un mixer fino ad ottenere un composto cremoso.

3. Elementi nutrizionali (per circa 100g di composto):

Contiene Vitamina A, C, ferro, calcio.

Calorie: 70

Calorie da grassi: 20

Grassi: 2.3g

Grassi saturi: 0.3g

Colesterolo: 57mg

Sodio: 34mg

Potassio: 137mg

Carboidrati totali: 9.5g
Fibra: 1g
Zucchero: 7.2g
Proteine: 3.5g
Calorie: 839

Calorie da grassi: 245

Grassi: 27.3g

Grassi saturi: 9.7g

Colesterolo: 680mg

Sodio: 405mg

Potassio: 1639mg

Carboidrati totali: 115g
Fibra: 12.4g
Zucchero: 86.2g
Proteine: 41.6g

21. Frullato Prugna & Limone

Tempo di preparazione: 5 minuti
Porzioni: 6

1. Ingredienti:

150g prugne
2 limoni (succo)
2 cucchiaini miele (10g)
200ml latte
Cubetti di ghiaccio
150g Yogurt greco
4 uova

2. Preparazione:

Mescola tutti gli ingredienti in un mixer fino ad ottenere un composto cremoso.

3. Elementi nutrizionali (per circa 100g di composto):

Contiene Vitamina A, C, ferro, calcio.

Calorie: 74

   Calorie da grassi: 29

Grassi: 3.2g

   Grassi saturi: 1.3g

Colesterolo: 85mg

Sodio: 50mg

Potassio: 111mg

Carboidrati totali: 6.4g
   Fibra: 0.6g
   Zucchero: 5.1g
Proteine: 5.8g

Frullati Proteici Fatti in Casa Per La Massima Crescita Muscolare

Calorie: 589

    Calorie da grassi: 228

Grassi: 25.3g

    Grassi saturi: 10.3g

Colesterolo: 679mg

Sodio: 397mg

Potassio: 890mg

Carboidrati totali: 51.2g
    Fibra: 4.6g
    Zucchero: 40.9g

Proteine: 45.9g

22. Frullato di Ananas

Tempo di preparazione: 5 minuti
Porzioni: 6

1. Ingredienti:

300g ananas
200ml latte di mandorle
30g lamponi
30g avena
1 lime (succo)
40g proteine in polvere

2. Preparazione:

Mescola tutti gli ingredienti in un mixer fino ad ottenere un composto cremoso.

3. Elementi nutrizionali (per circa 100g di composto):

Contiene Vitamina A, C, ferro, calcio.

Calorie: 153

Calorie da grassi: 80

Grassi: 8.9g

Grassi saturi: 7.4g

Colesterolo: 14mg

Sodio: 18mg

Potassio: 218mg

Carboidrati totali: 14.4g
Fibra: 2.6g
Zucchero: 6.7g
Proteine: 6.6g
Calorie: 920

Calorie da grassi: 481

Grassi: 53.4g

Grassi saturi: 44.5g

Colesterolo: 83mg

Sodio: 109mg

Potassio: 1309mg

Carboidrati totali: 86.3g
 Fibra: 15.5g
 Zucchero: 40.3g
Proteine: 39.6g

23. Frullato di Arancia

Tempo di preparazione: 5 minuti
Porzioni: 8

1. Ingredienti:

5 arance
10 uova
2 cucchiaio/i miele

2. Preparazione:

Mescola tutti gli ingredienti in un mixer fino ad ottenere un composto cremoso.

3. Elementi nutrizionali (per circa 100g di composto):

Contiene Vitamina A, C, ferro, calcio.

Calorie: 85

Calorie da grassi: 29

Grassi: 3.2g

Grassi saturi: 1g

Colesterolo: 117mg

Sodio: 44mg

Potassio: 163mg

Carboidrati totali: 10.4g

Fibra: 1.6g
Zucchero: 8.8g
Proteine: 4.6g
Calorie: 1189

Calorie da grassi: 404

Grassi: 44.8g

Grassi saturi: 13.8g

Colesterolo: 1637mg

Sodio: 618mg

Frullati Proteici Fatti in Casa Per La Massima Crescita Muscolare

Potassio: 2277mg

Carboidrati totali: 146g

Fibra: 22.2g
Zucchero: 123.9g
Proteine: 64.1g

24. Pinna Colada

Tempo di preparazione: 5 minuti
Porzioni: 8

1. Ingredienti:

200g ananas
200g latte di cocco
50g avena
300ml latte
4 uova

2. Preparazione:

Mescola tutti gli ingredienti in un mixer fino ad ottenere un composto cremoso.

3. Elementi nutrizionali (per circa 100g di composto):

Contiene Vitamina A, C, ferro, calcio.

Calorie: 128

Calorie da grassi: 75

Grassi: 8.3g

Grassi saturi: 5.8g

Colesterolo: 76mg

Sodio: 48mg

Potassio: 149mg

Carboidrati totali: 9.8g
Fibra: 1.1g
Zucchero: 4.7g

Proteine: 4.9g
Calorie: 1155

Calorie da grassi: 675

Grassi: 75g

Grassi saturi: 52.1g

Colesterolo: 680mg

Sodio: 428mg

Potassio: 1339mg

Carboidrati totali: 87.8g
   Fibra: 12.2g
   Zucchero: 42.2g
Proteine: 44.5g

25. Frullato alla Mela

Tempo di preparazione: 5 minuti
Porzioni: 3

1. Ingredienti:

350g mela
1 cucchiaino cannella
200ml latte di mandorle
2 cucchiaino estratto di vaniglia
40g proteine in polvere

2. Preparazione:

Mescola tutti gli ingredienti in un mixer fino ad ottenere un composto cremoso.

3. Elementi nutrizionali (per circa 100g di composto):

Contiene Vitamina C, ferro, calcio.
Calorie: 139

Calorie da grassi: 77

Grassi: 8.6g

Grassi saturi: 7.4g

Colesterolo: 14mg

Sodio: 18mg

Potassio: 193mg

Carboidrati totali: 11.2g
Fibra: 2.3g
Zucchero: 7.6g
Proteine: 5.7g
Calorie: 833

Calorie da grassi: 463

Grassi: 51.4g

Grassi saturi: 44.1g

Colesterolo: 83mg

Sodio: 106mg

Potassio: 1157mg

Carboidrati totali: 67.3g
   Fibra: 14.2g
   Zucchero: 45.5g
Proteine: 34.3g

26. Frullato di Uovo

Tempo di preparazione: 5 minuti
Porzioni: 8

1. Ingredienti:

10 uova
300ml latte
100g Yogurt greco
2 cucchiaio/i miele (30g)
50g avena

2. Preparazione:

Mescola tutti gli ingredienti in un mixer fino ad ottenere un composto cremoso.

3. Elementi nutrizionali (per circa 100g di composto):

Contiene Vitamina A, ferro, calcio.

Calorie: 131
Calorie da grassi: 55
Grassi: 6.1g
Grassi saturi: 2.2g
Colesterolo: 185mg
Sodio: 89mg

Potassio: 123mg
Carboidrati totali: 10.1g
Fibra: 0.6g
Zucchero: 6.3g
Proteine: 9.1g
Calorie: 1176
Calorie da grassi: 498
Grassi: 55.3g

Grassi saturi: 19.5g

Colesterolo: 1667mg

Sodio: 799mg

Potassio: 1111mg

Carboidrati totali: 91.1g
  Fibra: 5.1g
  Zucchero: 56.3g
Proteine: 82.2g

27. Frullato di Zucca

Tempo di preparazione: 5 minuti
Porzioni: 6

1. Ingredienti:

300g zucca
300g lamponi
50g panna acida
200ml latte di mandorle
40g proteine in polvere

2. Preparazione:

Mescola tutti gli ingredienti in un mixer fino ad ottenere un composto cremoso.

3. Elementi nutrizionali (per circa 100g di composto):

Contiene Vitamina A, C, ferro, calcio.

Calorie: 123

Calorie da grassi: 72

Grassi: 8g

Grassi saturi: 6.4g

Colesterolo: 13mg

Sodio: 18mg

Potassio: 238mg

Carboidrati totali: 9.8g
Fibra: 4.1g
Zucchero: 3.9g
Proteine: 5.2g
Calorie: 986

Calorie da grassi: 576

Grassi: 64g

Grassi saturi: 51.1g

Colesterolo: 105mg

Sodio: 146mg

Potassio: 1903mg

Carboidrati totali: 78.2g
  Fibra: 32.7g
  Zucchero: 31.2g
Proteine: 41.7g

28. Frullato di Barbabietole

Tempo di preparazione: 5 minuti
Porzioni: 6

1. Ingredienti:

300g barbabietole
50g prezzemolo
80g mirtilli
200ml latte
60g proteine in polvere

2. Preparazione:

Mescola tutti gli ingredienti in un mixer fino ad ottenere un composto cremoso.

3. Elementi nutrizionali (per circa 100g di composto):

Contiene Vitamina A, C, ferro, calcio.

Calorie: 89

Calorie da grassi: 14

Grassi: 1.5g

Grassi saturi: 0.7g

Colesterolo: 24mg

Sodio: 77mg

Potassio: 285mg

Carboidrati totali: 10.3g
Fibra: 1.6g
Zucchero: 7.2g
Proteine: 9.5g
Calorie: 531

Calorie da grassi: 81

Grassi: 9g

Grassi saturi: 4.5g

Colesterolo: 142mg

Sodio: 464mg

Potassio: 1711mg

Carboidrati totali: 61.9g
 Fibra: 9.6g
 Zucchero: 43.3g
Proteine: 56.8g

29. Frullato di Noce di cocco

Tempo di preparazione: 5 minuti
Porzioni: 5

1. Ingredienti:

100ml latte di cocco
200ml latte
100g Yogurt greco
50g proteine in polvere
1 cucchiaino estratto di noce di cocco
30g fiocchi di cocco

2. Preparazione:

Mescola tutti gli ingredienti in un mixer fino ad ottenere un composto cremoso.

3. Elementi nutrizionali (per circa 100g di composto):

Contiene Vitamina A, C, ferro, calcio.

Calorie: 145

Calorie da grassi: 78

Grassi: 8.7g

Grassi saturi: 7.2g

Colesterolo: 25mg

Sodio: 48mg

Potassio: 184mg

Carboidrati totali: 6.2g
Fibra: 1g
Zucchero: 4.1g

Proteine: 11.1g
Calorie: 723

Calorie da grassi: 391

Grassi: 43.4g

Grassi saturi: 35.9g

Colesterolo: 126mg

Sodio: 241mg

Potassio: 922mg

Carboidrati totali: 30.8g
   Fibra: 4.9g
   Zucchero: 20.6g
Proteine: 55.8g

30. Frullato al Mango

Tempo di preparazione: 5 minuti
Porzioni: 8

1. Ingredienti:

3 mango
1 banana
50g fragole
300ml latte
1 lime succo
6 uova

2. Preparazione:

Mescola tutti gli ingredienti in un mixer fino ad ottenere un composto cremoso.

3. Elementi nutrizionali (per circa 100g di composto):

Contiene Vitamina A, C, ferro, calcio.

Calorie: 87

Calorie da grassi: 31

Grassi: 3.4g

Grassi saturi: 1.2g

Colesterolo: 101mg

Sodio: 52mg

Potassio: 155mg

Carboidrati totali: 10.3g
Fibra: 1g
Zucchero: 7.8g
Proteine: 4.7g
Calorie: 874

Calorie da grassi: 306

Grassi: 34g

Frullati Proteici Fatti in Casa Per La Massima Crescita Muscolare

Grassi saturi: 12.3g

Colesterolo: 1007mg

Sodio: 524mg

Potassio: 1549mg

Carboidrati totali: 103g
Fibra: 9.7g
Zucchero: 78.5g
Proteine: 46.7g

31. Frullato di Anguria

Tempo di preparazione: 5 minuti
Porzioni: 6

1. Ingredienti:

300g anguria
200g cantalupo
200ml acqua
1 cucchiaino estratto di vaniglia
50g panna acida
50g proteine in polvere

2. Preparazione:

Mescola tutti gli ingredienti in un mixer fino ad ottenere un composto cremoso.

3. Elementi nutrizionali (per circa 100g di composto):

Contiene Vitamina A, C, ferro, calcio.

Calorie: 59

Calorie da grassi: 16

Grassi: 1.8g

Grassi saturi: 1g

Colesterolo: 16mg

Sodio: 20mg

Potassio: 154mg

Carboidrati totali: 5.9g
Fibra: 0g
Zucchero: 4.5g

Proteine: 5.1g

Calorie: 471

Calorie da grassi: 128

Frullati Proteici Fatti in Casa Per La Massima Crescita Muscolare

Grassi: 14.2g

    Grassi saturi: 8.3g

Colesterolo: 126mg

Sodio: 158mg

Potassio: 1230mg

Carboidrati totali: 47.5g
    Fibra: 3g
    Zucchero: 36.2g
Proteine: 40.7g

32. Frullato al Yogurt greco

Tempo di preparazione: 5 minuti
Porzioni: 6

1. Ingredienti:

300g Yogurt greco
100g latte di cocco
2 cucchiaio/i miele (30g)
40g uva passa
200ml latte di mandorle

2. Preparazione:

Mescola tutti gli ingredienti in un mixer fino ad ottenere un composto cremoso.

3. Elementi nutrizionali (per circa 100g di composto):

Contiene Vitamina A, C, ferro, calcio.
Calorie: 167

Calorie da grassi: 101

Grassi: 11.2g

Grassi saturi: 9.8g

Colesterolo: 2mg

Sodio: 21mg

Potassio: 220mg

Carboidrati totali: 13.6g
Fibra: 1.2g
Zucchero: 11.5g
Proteine: 5.5g
Calorie: 1169

Calorie da grassi: 706

Grassi: 78.4g

Grassi saturi: 68.5g

Colesterolo: 15mg

Sodio: 149mg

Potassio: 1541mg

Carboidrati totali: 95.1g
   Fibra: 8.2g
   Zucchero: 80.3g
Proteine: 38.3g

33. Frullato Caffè & Banana

Tempo di preparazione: 5 minuti
Porzioni: 6

1. Ingredienti:

25g caffè (macinatura)
2 banane
150ml latte di mandorle
20g burro di arachidi
100ml acqua
5 uova

2. Preparazione:

Mescola tutti gli ingredienti in un mixer fino ad ottenere un composto cremoso.

3. Elementi nutrizionali (per circa 100g di composto):

Contiene Vitamina A, C, ferro, calcio.

Calorie: 142

Calorie da grassi: 89

Grassi: 9.9g

Grassi saturi: 5.9g

Colesterolo: 117mg

Sodio: 61mg

Potassio: 240mg

Carboidrati totali: 9.7g
Fibra: 1.5g
Zucchero: 5.4g

Proteine: 5.5g
Calorie: 992

Calorie da grassi: 621

Grassi: 69g

Grassi saturi: 41.4g

Colesterolo: 818mg

Sodio: 429mg

Potassio: 1683mg

Carboidrati totali: 68g
   Fibra: 10.7g
   Zucchero: 37.5g
Proteine: 38.8g

34. Frullato di Spinaci

Tempo di preparazione: 5 minuti
Porzioni: 7

1. Ingredienti:

200g spinaci
50g prezzemolo
70g lamponi
200ml latte
100ml acqua
50g panna acida
50g proteine in polvere

2. Preparazione:

Mescola tutti gli ingredienti in un mixer fino ad ottenere un composto cremoso.

3. Elementi nutrizionali (per circa 100g di composto):

Contiene Vitamina A, C, ferro, calcio.

Calorie: 72

Calorie da grassi: 25

Grassi: 2.8g

Grassi saturi: 1.5g

Colesterolo: 20mg

Sodio: 58mg

Potassio: 282mg

Carboidrati totali: 5.3g
Fibra: 1.5g
Zucchero: 2.2g
Proteine: 7.4g
Calorie: 504

Frullati Proteici Fatti in Casa Per La Massima Crescita Muscolare

Calorie da grassi: 174

Grassi: 19.3g

Grassi saturi: 10.8g

Colesterolo: 143mg

Sodio: 403mg

Potassio: 1973mg

Carboidrati totali: 37g
Fibra: 10.6g
Zucchero: 15.2g
Proteine: 52.1g

35. Frullato di Chia

Tempo di preparazione: 5 minuti
Porzioni: 5

1. Ingredienti:

100g semi di chia
200ml latte di mandorle
50 panna acida
50g prezzemolo
100ml acqua
40g proteine in polvere

2. Preparazione:

Mescola tutti gli ingredienti in un mixer fino ad ottenere un composto cremoso.

3. Elementi nutrizionali (per circa 100g di composto):

Contiene Vitamina A, C, ferro, calcio.

Calorie: 174

    Calorie da grassi: 123

Grassi: 13.7g

    Grassi saturi: 10g

Colesterolo: 20mg

Sodio: 30mg

Potassio: 260mg

Carboidrati totali: 6.2g
    Fibra: 3.3g
    Zucchero: 1.7g
Proteine: 8.4g
Calorie: 872

    Calorie da grassi: 615

Grassi: 68.3g

Grassi saturi: 50.1g

Colesterolo: 99mg

Sodio: 152mg

Potassio: 1300mg

Carboidrati totali: 31.2g
Fibra: 16.5g
Zucchero: 8.5g
Proteine: 42.1g

36. Frullato alla Papaya

Tempo di preparazione: 5 minuti
Porzioni: 6

1. Ingredienti:

3 frutti di papaya
50g avena
300ml latte
1 cucchiaino estratto di vaniglia
50g proteine in polvere

2. Preparazione:

Mescola tutti gli ingredienti in un mixer fino ad ottenere un composto cremoso.

3. Elementi nutrizionali (per circa 100g di composto):

Contiene Vitamina A, C, ferro, calcio.

Calorie: 95

Calorie da grassi: 14

Grassi: 1.6g

Grassi saturi: 0.7g

Colesterolo: 16mg

Sodio: 34mg

Potassio: 81mg

Carboidrati totali: 14.1g
Fibra: 1.4g
Zucchero: 5.4g
Proteine: 6.5g
Calorie: 760

Calorie da grassi: 113

Grassi: 12.6g

Grassi saturi: 5.9g

Colesterolo: 130mg

Sodio: 268mg

Potassio: 648mg

Carboidrati totali: 113g
 Fibra: 11.1g
 Zucchero: 43.5g
Proteine: 52.4g

37. Frullato Vaniglia & Avocado

Tempo di preparazione: 5 minuti
Porzioni: 8

1. Ingredienti:

3 avocado
20g vaniglia Zucchero
150ml latte
200ml acqua
1 cucchiaino estratto di vaniglia
40g proteine in polvere (vaniglia)

2. Preparazione:

Mescola tutti gli ingredienti in un mixer fino ad ottenere un composto cremoso.

3. Elementi nutrizionali (per circa 100g di composto):

Contiene Vitamina A, C, ferro, calcio.

Calorie: 155	Potassio: 325mg
Calorie da grassi: 111	Carboidrati totali: 8.5g
	Fibra: 4g
Grassi: 12.3g	Zucchero: 3.2g
	Proteine: 4.5g
Grassi saturi: 2.8g	Calorie: 1549
Colesterolo: 10mg	Calorie da grassi: 1108
Sodio: 19mg	Grassi: 123.1g

Frullati Proteici Fatti in Casa Per La Massima Crescita Muscolare

Grassi saturi: 27.8g

Colesterolo: 96mg

Sodio: 187mg

Potassio: 3248mg

Carboidrati totali: 84.8g
Fibra: 40.4g
Zucchero: 31.7g
Proteine: 45.1g

38. Ciliegia & Mandorle Shake

Tempo di preparazione: 5 minuti
Porzioni: 8

1. Ingredienti:

300g ciliegie
100g latte di mandorle
6 uova
30g mandorle (trito)
75g panna acida
200g latte
1 cucchiaio/i estratto di vaniglia

2. Preparazione:

Mescola tutti gli ingredienti in un mixer fino ad ottenere un composto cremoso.

3. Elementi nutrizionali (per circa 100g di composto):

Contiene Vitamina A, C, ferro, calcio.

Calorie: 158

Calorie da grassi: 85

Grassi: 9.5g

Grassi saturi: 4.8g

Colesterolo: 115mg

Sodio: 64mg

Potassio: 155mg

Carboidrati totali: 12.5g
Fibra: 0.9g
Zucchero: 1.9g
Proteine: 5.8g
Calorie: 1424

Calorie da grassi: 766

Grassi: 85.1g

Grassi saturi: 42.8g

Colesterolo: 1031mg

Sodio: 574mg

Potassio: 1394mg

Carboidrati totali: 113g
Fibra: 7.8g
Zucchero: 17.4g

Proteine: 51.9g

39. Frullato alla Carota

Tempo di preparazione: 5 minuti
Porzioni: 8

1. Ingredienti:

300g carota
200g fragole
30g prezzemolo
200ml latte
50g latte di cocco
30g avena
5 uova

2. Preparazione:

Mescola tutti gli ingredienti in un mixer fino ad ottenere un composto cremoso.

3. Elementi nutrizionali (per circa 100g di composto):

Contiene Vitamina A, C, ferro, calcio.

Calorie: 84

Sodio: 64mg

Calorie da grassi: 37

Potassio: 208mg

Grassi: 4.1g

Carboidrati totali: 8.2g
Fibra: 1.7g

Grassi saturi: 2g

Zucchero: 3.8g

Colesterolo: 84mg

Proteine: 4.4g
Calorie: 844

Frullati Proteici Fatti in Casa Per La Massima Crescita Muscolare

Calorie da grassi: 367

Grassi: 40.8g

Grassi saturi: 20.3g

Colesterolo: 835mg

Sodio: 640mg

Potassio: 2085mg

Carboidrati totali: 81.7g
Fibra: 16.5g
Zucchero: 37.8g

Proteine: 44.2g

40. Frullato all'Uva

Tempo di preparazione: 5 minuti
Porzioni: 8

1. Ingredienti:

400g uva
50g mirtilli
200ml latte
100g Yogurt greco
1 cucchiaio/i estratto di vaniglia
50g proteine in polvere

2. Preparazione:

Mescola tutti gli ingredienti in un mixer fino ad ottenere un composto cremoso.

3. Elementi nutrizionali (per circa 100g di composto):

Contiene Vitamina A, C, ferro, calcio.

Calorie: 88

Potassio: 171mg

Calorie da grassi: 12

Carboidrati totali: 12.2g
Fibra: 0.6g
Zucchero: 10.8g

Grassi: 1.4g

Proteine: 6.9g
Calorie: 706

Grassi saturi: 0.8g

Colesterolo: 16mg

Calorie da grassi: 97

Sodio: 29mg

Grassi: 10.8g

Grassi saturi: 6g

Colesterolo: 126mg

Sodio: 229mg

Potassio: 1364mg

Carboidrati totali: 97.6g
 Fibra: 4.8g
 Zucchero: 86.4g
Proteine: 55.4g

41. Frullato Anacardi e Cacao

Tempo di preparazione: 5 minuti
Porzioni: 4

1. Ingredienti:

50g anacardi (trito)
2 cucchiaio/i polvere di cacao (30g)
100ml latte di mandorle
200ml acqua
50g proteine in polvere (cioccolato)

2. Preparazione:

Mescola tutti gli ingredienti in un mixer fino ad ottenere un composto cremoso.

3. Elementi nutrizionali (per circa 100g di composto):

Contiene Vitamina C, ferro, calcio.

Calorie: 197

   Calorie da grassi: 127

Grassi: 14.1g

   Grassi saturi: 7.8g

Colesterolo: 26mg

Sodio: 30mg

Potassio: 209mg

Carboidrati totali: 10.7g
   Fibra: 3.2g
   Zucchero: 1.9g

Proteine: 12.9g
Calorie: 789

   Calorie da grassi: 507

Grassi: 56.3g

Grassi saturi: 31.3g

Colesterolo: 104mg

Sodio: 119mg

Potassio: 834mg

Carboidrati totali: 42.9g
   Fibra: 12.7g
   Zucchero: 7.4g
Proteine: 51.7g

42. Frullato di Cavolo

Tempo di preparazione: 5 minuti
Porzioni: 6

1. Ingredienti:

300g cavolo
50g prezzemolo
1 lime (succo)
20g zenzero
300ml acqua
50ml latte
50g proteine in polvere

2. Preparazione:

Mescola tutti gli ingredienti in un mixer fino ad ottenere un composto cremoso.

3. Elementi nutrizionali (per circa 100g di composto):

Contiene Vitamina A, C, ferro, calcio.

Calorie: 59	Sodio: 36mg
Calorie da grassi: 6	Potassio: 300mg
Grassi: 0.7g	Carboidrati totali: 8g
Grassi saturi: 0g	Fibra: 1.3g
	Zucchero: 0.8g
Colesterolo: 14mg	Proteine: 6.3g
	Calorie: 475

Calorie da grassi: 52

Grassi: 5.8g

Grassi saturi: 2.6g

Colesterolo: 108mg

Sodio: 288mg

Potassio: 2402mg

Carboidrati totali: 64.2g
Fibra: 10.5g
Zucchero: 6g

Proteine: 50.1g

43. Frullato di Lattuga

Tempo di preparazione: 5 minuti
Porzioni: 8

1. Ingredienti:

300g lattuga
50g spinaci
30g prezzemolo
100ml latte di mandorle
30g avena
5 uova
300ml latte

2. Preparazione:

Mescola tutti gli ingredienti in un mixer fino ad ottenere un composto cremoso.

3. Elementi nutrizionali (per circa 100g di composto):

Contiene Vitamina A, C, ferro, calcio.

Calorie: 88

Calorie da grassi: 50

Grassi: 5.5g

Grassi saturi: 3.2g

Colesterolo: 84mg

Sodio: 54mg

Potassio: 172mg

Carboidrati totali: 5.6g
Fibra: 0.9g
Zucchero: 2.3g
Proteine: 4.8g
Calorie: 880

Frullati Proteici Fatti in Casa Per La Massima Crescita Muscolare

Calorie da grassi: 498

Grassi: 55.3g

Grassi saturi: 32.5g

Colesterolo: 844mg

Sodio: 544mg

Potassio: 1716mg

Carboidrati totali: 55.6g
Fibra: 9.3g
Zucchero: 22.8g

Proteine: 47.8g

44. Frullato Cavolo & Zenzero

Tempo di preparazione: 5 minuti
Porzioni: 6

1. Ingredienti:

200g cavolo
20g zenzero
4 uova
50g latte di cocco
100g Yogurt greco
200g latte di mandorle
1-2 cucchiaio/i miele (15-30g)
20g semi di chia

2. Preparazione:

Mescola tutti gli ingredienti in un mixer fino ad ottenere un composto cremoso.

3. Elementi nutrizionali (per circa 100g di composto):

Contiene Vitamina A, C, ferro, calcio.

Calorie: 146	Sodio: 51mg
Calorie da grassi: 93	Potassio: 292mg
Grassi: 10.3g	Carboidrati totali: 9.2g
	Fibra: 1.6g
Grassi saturi: 7.6g	Zucchero: 4g
	Proteine: 5.9g
Colesterolo: 82mg	

Frullati Proteici Fatti in Casa Per La Massima Crescita Muscolare

Calorie: 1165

    Calorie da grassi: 740

Grassi: 82.2g

    Grassi saturi: 60.4g

Colesterolo: 660mg

Sodio: 410mg

Potassio: 2338mg

Carboidrati totali: 73.7g
    Fibra: 13.1g
    Zucchero: 31.6g

Proteine: 47g

45. Frullato di Cocomero

Tempo di preparazione: 5 minuti
Porzioni: 6

1. Ingredienti:

300g cocomero
50g prezzemolo
80g ricotta
1 cucchiaino estratto di lime (5g)
300ml acqua
40g proteine in polvere

2. Preparazione:

Mescola tutti gli ingredienti in un mixer fino ad ottenere un composto cremoso.

3. Elementi nutrizionali (per circa 100g di composto):

Contiene Vitamina A, C, ferro, calcio.

Calorie: 39

Calorie da grassi: 5

Grassi: 0.6g

Grassi saturi: 0g

Colesterolo: 11mg

Sodio: 55mg

Potassio: 137mg

Carboidrati totali: 3.6g
Fibra: 0.6g
Zucchero: 1g
Proteine: 5.4g
Calorie: 310

Calorie da grassi: 43

Grassi: 4.8g

Frullati Proteici Fatti in Casa Per La Massima Crescita Muscolare

Grassi saturi: 2.4g

Colesterolo: 90mg

Sodio: 441mg

Potassio: 1092mg

Carboidrati totali: 28.8g
Fibra: 5g
Zucchero: 8g
Proteine: 43.5g

46. Frullato di Matcha

Tempo di preparazione: 5 minuti
Porzioni: 6

1. Ingredienti:

20g matcha
1 lime (succo)
100g Yogurt greco
5 uova
50g prezzemolo
50ml latte di cocco
200ml latte

2. Preparazione:

Mescola tutti gli ingredienti in un mixer fino ad ottenere un composto cremoso.

3. Elementi nutrizionali (per circa 100g di composto):

Contiene Vitamina A, C, ferro, calcio.

Calorie: 94

Calorie da grassi: 52

Grassi: 5.8g

Grassi saturi: 3.1g

Colesterolo: 120mg

Sodio: 68mg

Potassio: 148mg

Carboidrati totali: 4.6g
Fibra: 0.7g
Zucchero: 3g
Proteine: 6.8g
Calorie: 661

Frullati Proteici Fatti in Casa Per La Massima Crescita Muscolare

Calorie da grassi: 367

Grassi: 40.8g

Grassi saturi: 21.7g

Colesterolo: 840mg

Sodio: 477mg

Potassio: 1033mg

Carboidrati totali: 32.1g
 Fibra: 4.7g
 Zucchero: 21.3g

Proteine: 47.6g

47. Frullato di Broccoli

Tempo di preparazione: 5 minuti
Porzioni: 6

1. Ingredienti:

200g broccoli
50g prezzemolo
30g spinaci
30g ricotta
300ml latte
100ml acqua
4 uova

2. Preparazione:

Mescola tutti gli ingredienti in un mixer fino ad ottenere un composto cremoso.

3. Elementi nutrizionali (per circa 100g di composto):

Contiene Vitamina A, C, ferro, calcio.
Calorie: 59   Sodio: 71mg

   Calorie da grassi: 25   Potassio: 169mg

Grassi: 2.8g   Carboidrati totali: 3.9g
                             Fibra: 0.8g
   Grassi saturi: 1.1g   Zucchero: 2.1g

Colesterolo: 76mg   Proteine: 4.9g
                                Calorie: 526

Calorie da grassi: 230

Grassi: 25.6g

Grassi saturi: 9.7g

Colesterolo: 682mg

Sodio: 635mg

Potassio: 1521mg

Carboidrati totali: 35.2g
  Fibra: 7.5g
  Zucchero: 19.4g
Proteine: 44.4g

48. Frullato Cavolo & Banana

Tempo di preparazione: 5 minuti
Porzioni: 6

1. Ingredienti:

150ml latte di cocco
70g cavolo
30g spinaci
1 banana
40g proteine in polvere
200ml acqua
Dolcificante (miele/zucchero di canna)

2. Preparazione:

Mescola tutti gli ingredienti in un mixer fino ad ottenere un composto cremoso.

3. Elementi nutrizionali (per circa 100g di composto):

Contiene Vitamina A, C, ferro, calcio.
Calorie: 109   Sodio: 26mg

  Calorie da grassi: 59   Potassio: 260mg

Grassi: 6.5g   Carboidrati totali: 8.1g
                             Fibra: 1.4g
  Grassi saturi: 5.6g   Zucchero: 3.5g

Colesterolo: 14mg   Proteine: 6g
                               Calorie: 651

Calorie da grassi: 352

Grassi: 39.2g

Grassi saturi: 33.5g

Colesterolo: 83mg

Sodio: 155mg

Potassio: 1562mg

Carboidrati totali: 48.5g
Fibra: 8.1g
Zucchero: 20.8g

Proteine: 36.3g

49. Frullato Mango & Pesca

Tempo di preparazione: 5 minuti
Porzioni: 8

1. Ingredienti:

2 mango
4-6 pesche
300ml latte
50g Yogurt greco
40g proteine in polvere

2. Preparazione:

Mescola tutti gli ingredienti in un mixer fino ad ottenere un composto cremoso.

3. Elementi nutrizionali (per circa 100g di composto):

Contiene Vitamina A, C, ferro, calcio.
Calorie: 64

Calorie da grassi: 10

Grassi: 1.1g

Grassi saturi: 0.6g

Colesterolo: 11mg

Sodio: 24mg

Potassio: 153mg

Carboidrati totali: 9.3g
Fibra: 0.9g
Zucchero: 8g
Proteine: 4.8g
Calorie: 640

Calorie da grassi: 101

Grassi: 11.2g

Frullati Proteici Fatti in Casa Per La Massima Crescita Muscolare

Grassi saturi: 5.9g

Colesterolo: 111mg

Sodio: 238mg

Potassio: 1531mg

Carboidrati totali: 93.4g
Fibra: 9.5g
Zucchero: 80g
Proteine: 48.3g

50. Frullato verde

Tempo di preparazione: 5 minuti
Porzioni: 6

1. Ingredienti:

100g prezzemolo
200g cavolo
100g lamponi
1 cucchiaino estratto di lime (5g)
200ml acqua
30ml latte
60g proteine in polvere

2. Preparazione:

Mescola tutti gli ingredienti in un mixer fino ad ottenere un composto cremoso.

3. Elementi nutrizionali (per circa 100g di composto):

Contiene Vitamina A, C, ferro, calcio.

Calorie: 62

Calorie da grassi: 7

Grassi: 0.8g

Grassi saturi: 0g

Colesterolo: 18mg

Sodio: 39mg

Potassio: 292mg

Carboidrati totali: 6.8g
Fibra: 1.8g
Zucchero: 1.2g
Proteine: 7.7g
Calorie: 435

Frullati Proteici Fatti in Casa Per La Massima Crescita Muscolare

Calorie da grassi: 51

Grassi: 5.6g

Grassi saturi: 2.3g

Colesterolo: 128mg

Sodio: 271mg

Potassio: 2046mg

Carboidrati totali: 47.9g
Fibra: 12.8g
Zucchero: 8.4g

Proteine: 54g

51. Frullato di Guava

Tempo di preparazione: 5 minuti
Porzioni: 6

1. Ingredienti:

2 guava
6 uova
200ml latte
20ml latte di cocco
20ml latte di mandorle
1 cucchiaino estratto di vaniglia (5g)
Dolcificante (miele/zucchero di canna)

2. Preparazione:

Mescola tutti gli ingredienti in un mixer fino ad ottenere un composto cremoso.

3. Elementi nutrizionali (per circa 100g di composto):

Contiene Vitamina A, C, ferro, calcio.

Calorie: 101

Sodio: 68mg

Calorie da grassi: 54

Potassio: 191mg

Grassi: 6g

Carboidrati totali: 5.8g
Fibra: 1.5g

Grassi saturi: 2.8g

Zucchero: 4.2g

Colesterolo: 143mg

Proteine: 6.5g
Calorie: 709

Frullati Proteici Fatti in Casa Per La Massima Crescita Muscolare

Calorie da grassi: 377

Grassi: 41.9g

Grassi saturi: 19.8g

Colesterolo: 999mg

Sodio: 477mg

Potassio: 1336mg

Carboidrati totali: 40.7g
Fibra: 10.6g
Zucchero: 29.3g
Proteine: 45.5g

52. Frullato al Gelso

Tempo di preparazione: 5 minuti
Porzioni: 6

1. Ingredienti:

300g gelso
200g spinaci
50g ricotta
300g latte
3 uova
30g avena

2. Preparazione:

Mescola tutti gli ingredienti in un mixer fino ad ottenere un composto cremoso.

3. Elementi nutrizionali (per circa 100g di composto):

Contiene Vitamina A, C, ferro, calcio.

Calorie: 67

Calorie da grassi: 22

Grassi: 2.4g

Grassi saturi: 0.9g

Colesterolo: 52mg

Sodio: 72mg

Potassio: 220mg

Carboidrati totali: 7.5g
Fibra: 1.2g
Zucchero: 4g
Proteine: 4.7g
Calorie: 672

Calorie da grassi: 217

Grassi: 24.1g

Grassi saturi: 8.9g

Colesterolo: 520mg

Sodio: 719mg

Potassio: 2204mg

Carboidrati totali: 74.6g
   Fibra: 12.5g
   Zucchero: 40.1g
Proteine: 47.3g

53. Frullato di Pompelmo

Tempo di preparazione: 5 minuti
Porzioni: 6

1. Ingredienti:

2 pompelmi
200g Yogurt greco
200ml acqua
30g dolcificante (miele/zucchero di canna)
50g proteine in polvere

2. Preparazione:

Mescola tutti gli ingredienti in un mixer fino ad ottenere un composto cremoso.

3. Elementi nutrizionali (per circa 100g di composto):

Contiene Vitamina A, C, ferro, calcio.
Calorie: 61

Calorie da grassi: 9

Grassi: 1g

Grassi saturi: 0.7g

Colesterolo: 16mg

Sodio: 23mg

Potassio: 132mg

Carboidrati totali: 10g
Fibra: 2.9g
Zucchero: 3.9g
Proteine: 8.2g
Calorie: 425

Calorie da grassi: 65

Grassi: 7.2g

Frullati Proteici Fatti in Casa Per La Massima Crescita Muscolare

Grassi saturi: 4.5g

Colesterolo: 114mg

Sodio: 160mg

Potassio: 923mg

Carboidrati totali: 69.9g
Fibra: 20.5g
Zucchero: 27.4g
Proteine: 57.3g

54. Frullato di Melone

Tempo di preparazione: 5 minuti
Porzioni: 6

1. Ingredienti:

300g melone
200g Yogurt greco
100ml acqua
20g dolcificante (miele/zucchero di canna)
50g proteine in polvere

2. Preparazione:

Mescola tutti gli ingredienti in un mixer fino ad ottenere un composto cremoso.

3. Elementi nutrizionali (per circa 100g di composto):

Contiene Vitamina A, C, ferro, calcio.

Calorie: 64

Calorie da grassi: 10

Grassi: 1.1g

Grassi saturi: 0.7g

Colesterolo: 16mg

Sodio: 29mg

Potassio: 195mg

Carboidrati totali: 8.8g
Fibra: 2.1g
Zucchero: 4.7g
Proteine: 8.3g
Calorie: 445

Calorie da grassi: 68

Grassi: 7.6g

Grassi saturi: 4.6g

Colesterolo: 114mg

Sodio: 205mg

Potassio: 1367mg

Carboidrati totali: 62g
Fibra: 14.5g
Zucchero: 33.1g
Proteine: 58.2g

55. Frullato di Melograno

Tempo di preparazione: 5 minuti
Porzioni: 6

1. Ingredienti:

4 melograno
60g siero del latte in polvere
200ml latte
1 cucchiaino estratto di vaniglia
20g panna acida

2. Preparazione:

Mescola tutti gli ingredienti in un mixer fino ad ottenere un composto cremoso.

3. Elementi nutrizionali (per circa 100g di composto):

Contiene Vitamina A, C, ferro, calcio.
Calorie: 88

Potassio: 233mg

Calorie da grassi: 12

Carboidrati totali: 13.6g
Fibra: 0g
Zucchero: 10.6g

Grassi: 1.3g

Proteine: 6g
Calorie: 790

Grassi saturi: 0.8g

Colesterolo: 17mg

Calorie da grassi: 108

Sodio: 24mg

Grassi: 12g

Frullati Proteici Fatti in Casa Per La Massima Crescita Muscolare

Grassi saturi: 6.9g

Colesterolo: 151mg

Sodio: 215mg

Potassio: 2093mg

Carboidrati totali: 123g
 Fibra: 4g
 Zucchero: 95.7g
Proteine: 54.2g

56. Frullato di Kiwi

Tempo di preparazione: 5 minuti
Porzioni: 6

1. Ingredienti:

100g kiwi
8 uova
200ml latte
20g dolcificante (miele/zucchero di canna)
100g Yogurt greco

2. Preparazione:

Mescola tutti gli ingredienti in un mixer fino ad ottenere un composto cremoso.

3. Elementi nutrizionali (per circa 100g di composto):

Contiene Vitamina A, C, ferro, calcio.

Calorie: 93

Calorie da grassi: 47

Grassi: 5.2g

Grassi saturi: 1.9g

Colesterolo: 166mg

Sodio: 78mg

Potassio: 130mg

Carboidrati totali: 6.9g
Fibra: 1.9g
Zucchero: 3.1g
Proteine: 7.8g
Calorie: 743

Calorie da grassi: 376

Grassi: 41.7g

Grassi saturi: 15g

Colesterolo: 1331mg

Sodio: 626mg

Potassio: 1043mg

Carboidrati totali: 55g
Fibra: 14.8g
Zucchero: 25g
Proteine: 62.2g

57. Frullato Kiwi & Fragola

Tempo di preparazione: 5 minuti
Porzioni: 6

1. Ingredienti:

200g kiwi
150g fragole
50g Yogurt greco
200ml latte
60g siero del latte in polvere

2. Preparazione:

Mescola tutti gli ingredienti in un mixer fino ad ottenere un composto cremoso.

3. Elementi nutrizionali (per circa 100g di composto):

Contiene Vitamina A, C, ferro, calcio.
Calorie: 78

Calorie da grassi: 13

Grassi: 1.5g

Grassi saturi: 0.7g

Colesterolo: 21mg

Sodio: 33mg

Potassio: 197mg

Carboidrati totali: 8.6g
Fibra: 1.3g
Zucchero: 5.5g
Proteine: 8.3g
Calorie: 543

Calorie da grassi: 93

Grassi: 10.3g

Frullati Proteici Fatti in Casa Per La Massima Crescita Muscolare

Grassi saturi: 5.1g

Colesterolo: 144mg

Sodio: 228mg

Potassio: 1382mg

Carboidrati totali: 60.1g
 Fibra: 9g
 Zucchero: 38.4g
Proteine: 57.9g

58. Frullato di Melone Cantalupo

Tempo di preparazione: 5 minuti
Porzioni: 6

1. Ingredienti:

1 melone cantalupo (500g)
200g Yogurt greco
1 cucchiaino estratto di vaniglia (5g)
100ml latte
40g avena
6 uova

2. Preparazione:

Mescola tutti gli ingredienti in un mixer fino ad ottenere un composto cremoso.

3. Elementi nutrizionali (per circa 100g di composto):

Contiene Vitamina A, C, ferro, calcio.

Calorie: 111

Calorie da grassi: 45

Grassi: 5g

Grassi saturi: 1.8g

Colesterolo: 143mg

Sodio: 72mg

Potassio: 121mg

Carboidrati totali: 7.2g
Fibra: 0.7g
Zucchero: 3.2g

Proteine: 9g
Calorie: 775

Calorie da grassi: 315

Grassi: 35g

Frullati Proteici Fatti in Casa Per La Massima Crescita Muscolare

Grassi saturi: 12.9g

Colesterolo: 1001mg

Sodio: 502mg

Potassio: 846mg

Carboidrati totali: 50.7g
 Fibra: 5g
 Zucchero: 22.6g
Proteine: 62.9g

59. Frullato al Frutto della passione

Tempo di preparazione: 5 minuti
Porzioni: 4

1. Ingredienti:

6 frutti della passione (polpa)
50g fragole
200ml latte di mandorle
50ml latte
1 cucchiaino estratto di vaniglia (5g)
60g proteine in polvere

2. Preparazione:

Mescola tutti gli ingredienti in un mixer fino ad ottenere un composto cremoso.

3. Elementi nutrizionali (per circa 100g di composto):

Contiene Vitamina A, C, ferro, calcio.
Calorie: 171

Potassio: 272mg

Calorie da grassi: 97

Carboidrati totali: 10.1g
Fibra: 3.3g

Grassi: 10.8g

Zucchero: 5.2g
Proteine: 10.4g

Grassi saturi: 9.1g

Calorie: 857

Colesterolo: 26mg

Calorie da grassi: 485

Sodio: 39mg

Grassi: 53.9g

Grassi saturi: 45.4g

Colesterolo: 129mg

Sodio: 193mg

Potassio: 1361mg

Carboidrati totali: 50.5g
  Fibra: 16.7g
  Zucchero: 26g
Proteine: 51.9g

60. Frullato al Ribes

Tempo di preparazione: 5 minuti
Porzioni: 6

1. Ingredienti:

350g ribes
200ml latte
1 cucchiaino burro di arachidi (15g)
7 uova
100g Yogurt greco

2. Preparazione:

Mescola tutti gli ingredienti in un mixer fino ad ottenere un composto cremoso.

3. Elementi nutrizionali (per circa 100g di composto):

Contiene Vitamina A, C, ferro, calcio.

Calorie: 85

Calorie da grassi: 36

Grassi: 4g

Grassi saturi: 1.4g

Colesterolo: 117mg

Sodio: 59mg

Potassio: 167mg

Carboidrati totali: 6.6g
Fibra: 1.5g
Zucchero: 4.2g

Proteine: 6.2g
Calorie: 846

Calorie da grassi: 326

Grassi: 40.2g

Frullati Proteici Fatti in Casa Per La Massima Crescita Muscolare

Grassi saturi: 14.2g

Colesterolo: 1168mg

Sodio: 589mg

Potassio: 1669mg

Carboidrati totali: 65.9g
Fibra: 15.4g
Zucchero: 42g
Proteine: 61.7g

Frullati Proteici Fatti in Casa Per La Massima Crescita Muscolare

ALTRI GRANDI TITOLI DELL'AUTORE

www.ingramcontent.com/pod-product-compliance
Lightning Source LLC
Chambersburg PA
CBHW071739080526
44588CB00013B/2086